Für euch:

....

Von:

....

ANSELM GRÜN

Wo du bist, will auch ich sein

ALBUM ZUR HOCHZEIT

Vier-Türme-Verlag

Wo du hingehst,

da will ich auch hingehen; wo du bleibst, da bleibe ich auch. Dein Volk ist mein Volk, und dein Gott ist mein Gott. Wo du stirbst, da sterbe ich auch, da will ich auch begraben werden. Der Herr tue mir dies und das, nur der Tod wird mich und dich scheiden.

Rut 1,16–17

Liebe Eheleute,

Ihr habt euch getraut – und gemeinsam Hochzeit gefeiert. Hochzeit, das ist die hohe Zeit, das hohe Fest, die höchste Herrlichkeit. Seit jeher haben die Menschen gewusst, dass es eine hohe Zeit ist, wenn zwei Menschen sich so lieben, dass sie es wagen, miteinander einen Weg zu gehen.

Es ist ein Fest, das die Menschen verzaubert und in ihren Alltag die Verheißung von Gottes Liebe einfließen lässt. Gott selbst bricht ein in ihr Leben mit seiner Liebe, die sein größtes Geschenk an die Menschen ist. Wer Hochzeit feiert, der drückt damit aus, dass sein Leben vom Geheimnis göttlicher Liebe erfüllt ist. Und er lädt andere dazu ein, damit sie mit ihm ein Fest feiern.

Einander Vertrauen schenken

Gemeinsam mit all euren Gästen habt ihr eure Trauung gefeiert. Das Wort leitet sich ab vom Verb „trauen", was so viel meint wie einander Vertrauen schenken. Wer heiratet, traut sich dem anderen an. Er setzt Vertrauen in den anderen und in den Segen Gottes. Er traut sich selbst etwas zu und er traut dem Partner zu, dass er treu ist.

Trauen hängt mit „treu" zusammen. Treu heißt ursprünglich „stark, fest wie ein Baum". Wer sich traut, sich dem anderen anzuvertrauen, der hat die Hoffnung, dass die Treue, die daraus entsteht, ein fester Halt wird, an den er sich anklammern kann, der ihm Sicherheit schenkt, auf den er sich verlassen kann. Wie ein Baum wächst und so immer fester wird, so muss auch das Vertrauen wachsen. Es ist noch nicht gleich zu Beginn da. Wer Trauung feiert, drückt damit aus, dass sein Vertrauen in den anderen und in den Segen Gottes stark genug ist, sich ein Leben lang an den andern zu binden und dadurch Festigkeit und Sicherheit zu erlangen.

Eure Trauung war am:

....

um:

....

in der Kirche:

....

in:

....

und das Wetter war:

....

Und hier ist Platz, um einige Fotos von Euch zu
Hause in der Vorbereitung auf diesen besonderen Tag
oder vor der Kirche einzukleben.

Unverbrüchlich

Die Kirche feiert die Ehe als ein Sakrament. Das bedeutet vom Wort her: „religiöses Geheimnis, Weihe, Verpflichtung". *Sacrare* heißt: „weihen, der Gottheit widmen, heilig machen, unverbrüchlich und unverletzlich machen, bekräftigen und besiegeln".

Wenn die Kirche die Ehe als Sakrament versteht, will sie damit ausdrücken, dass das Ja-Wort zweier Menschen zueinander etwas mit Gott zu tun hat. Die Kirche weiht die Ehe, macht sie durch die Weihe heilig und ganz, stellt sie unter den Segen Gottes. Dadurch schenkt sie den Eheleuten die Hoffnung, dass ihr Ehebund unverbrüchlich und unverletzlich bleibt.

Das deutsche Wort „weihen" hängt aber auch mit „weich" zusammen. Die Ehe wird durch das Sakrament nicht etwas Starres, sondern sie wird weich gemacht, geschmeidig, lebendig. Sie soll unter dem Segen Gottes zu einem Weg werden, der beide Ehepartner weicher macht, offener füreinander, barmherziger, liebevoller.

Selbst für viele Christen, die der Kirche fernstehen, ist es ein Bedürfnis, sich kirchlich trauen zu lassen. Manche mutmaßen, dass sie die Kirche nur wie ein Serviceunternehmen benutzen, das dazu da ist, der Trauung eine gewisse Feierlichkeit zu verleihen. Doch ich bin da nicht allzu pessimistisch. Bei den meisten ist es wohl ein gutes Gespür dafür, dass der Weg zu zweit nicht selbstverständlich ist, dass es gut ist, den gemeinsamen Weg unter den Segen Gottes zu stellen.

Ein Fest zu feiern sagt zudem etwas aus über das Miteinander. Wenn man nicht mehr den Mut hat, seinen gemeinsamen Weg zu feiern, dann traut man sich auch nichts zu, dann wird der Weg leicht langweilig und alltäglich.

Habt ihr noch ein Exemplar der
Einladung zu eurer Hochzeit?
Dann könnt ihr es hier einkleben!

Im Tiefsten getragen

In allen Kulturen gibt es die Übergangsrituale. Und gerade der Übergang zur Ehe ist in allen Religionen mit besonderen Riten ausgestattet. Übergangsriten sollen uns die Angst vor dem Neuen nehmen und in uns zugleich die Energie wachrufen, die wir brauchen, um den neuen Lebensabschnitt zu bewältigen.

Der kirchliche Ritus der Trauung ist sehr einfach. Er hat nur wenige Elemente. Bei den Vorbereitungsgesprächen schlage ich daher Brautpaaren oft vor, dass sie sich vorher überlegen sollten, was sie vor allen Anwesenden über ihren gemeinsamen Weg sagen möchten, was ihnen an ihrer Ehe wichtig ist und warum sie sich kirchlich trauen lassen. Dabei werden sie entdecken, was sie im Tiefsten trägt und was sie mit ihrer Hochzeit zum Ausdruck bringen möchten. Und sie geben dann vor allen Mitfeiernden Zeugnis davon, was ihnen ihr gemeinsamer Weg aus dem Glauben heraus bedeutet.

Warum habt ihr euch für die kirchliche Hochzeit entschieden?
Was trägt euch im Tiefsten?

....

....

....

....

....

....

....

....

....

....

....

Vielleicht habt ihr noch
ein Foto von euch beiden
vor der Kirche, ehe der
Gottesdienst beginnt.
Dann klebt es hier ein.

Symbol der Einheit und der Vollkommenheit

Bei der Hochzeitsmesse spielen die Trauringe eine ganz wesentliche Rolle. Viele wissen heute nicht mehr, welche tiefe Symbolik in den Ringen steckt. Der kreisförmige Ring ist ein altes Symbol. Da der Ring rund ist, bedeutet er die Ganzheit des Menschen. Er will abrunden, was in ihm unvollkommen ist. Der Kreis, der in sich selbst zurückführt, ist Symbol der Einheit und der Vollkommenheit. Da er ohne Ende ist, ist er auch ein Bild für die Ewigkeit.

So liegt in den Eheringen die Hoffnung, dass die beiden Partner zu einer Einheit finden, die vollkommen macht, und dass ihre Liebe bis in die Ewigkeit hinein reicht. Der Ring ist auch ein Schutzzeichen. Er soll die Eheleute vor den Gefährdungen der Liebe schützen. Die Ringe sind ein Symbol der Verbindung, der Treue, der Zugehörigkeit zu einer Gemeinschaft.

Daher werden sie auch gesegnet. Gottes Liebe und Treue sollen in die Ringe einfließen und dem Brautpaar zum Zeichen werden, dass sie für immer zusammengehören, dass die Liebe alles Unvollkommene in ihnen abrundet und ganz macht, dass sie einander treu sein wollen, dass sie sich aneinander binden und dass ihre Liebe geschützt ist gegenüber allen Bedrohlichkeiten.

Mit dem Ring dokumentieren sie auch nach außen, dass sie zusammengehören. Es ist eine Auszeichnung, die sie gemeinsam tragen, die Auszeichnung der Liebe, die sie damit bezeugen. Und so wie der dreifaltige Gott einen Kreislauf der Liebe versinnbildlicht, so soll der Ring ein Zeichen sein, dass zwischen Braut und Bräutigam und Gott die Liebe hin- und herfließen möge, ohne Ende und ohne dass man göttliche und menschliche Liebe voneinander unterscheiden kann.

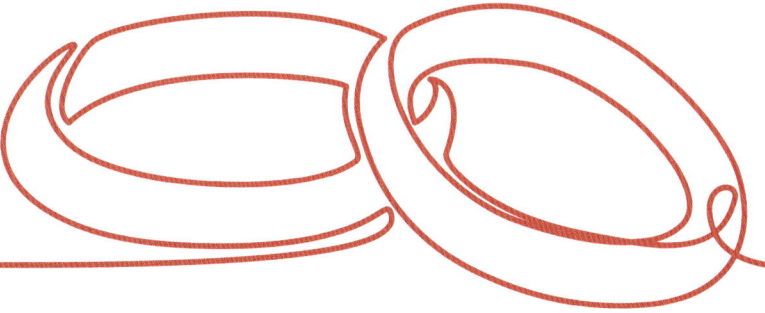

An eurer Seite

Auch eure Trauzeugen sind für euch etwas ganz Wichtiges an diesem Tag. Ihr habt sie mit Bedacht ausgesucht und euch sicher lange Gedanken gemacht, wer für dieses Amt geeignet ist und wen ihr fragen möchtet, ob er es übernimmt.

Vielleicht habt ihr sie sogar im Gottes- dienst vorgestellt und gesagt, warum ihr gerade diese beiden gewählt habt und was ihr von ihnen erhofft.

Als ihr euch die Ringe an die Hand gesteckt und euch die Treue versprochen habt, standen sie gleich neben euch, an eurer Seite, waren ganz nah bei euch. Die Trauzeugen sollen aber dadurch nicht nur Zeugnis davon ablegen, dass die Ehe rechtmäßig geschlossen wurde. Sie haben auch die Aufgabe, im Leben an eurer Seite zu sein, euch zu begleiten und euch in Krisensituationen treu zur Seite zu stehen.

Unsere beiden Trauzeugen sind:

....

....

Sicher gibt es Fotos von euch als
Brautpaar mit euren Trauzeugen. Dann
klebt sie als Erinnerung an den Tag und
eure Verbundenheit hier ein.

In deinen Händen

„Reicht nun einander die rechte Hand. Gott, der Herr, hat euch als Mann und Frau verbunden. Er ist treu. Er wird zu euch stehen und das Gute, das er begonnen hat, vollenden", sagte der Priester, nachdem ihr euch die Ringe angesteckt hattet. Dann legte er seine Stola um eure ineinandergelegten Hände.

Das Händereichen ist einmal so etwas wie ein Handschlag, der den rechtlichen Bund der Ehe bestätigt. Er bedeutet aber auch und vor allem Offenheit, Hingabe und Verzeihen. Er drückt aus, dass sich einer in die Hand des anderen begibt, um sich bei ihm zu bergen, dass einer die Hand schützend über den anderen hält, dass ihr gemeinsam euren Weg geht, dass ihr eins werdet miteinander, dass die Liebe leibhaft zum anderen hinströmt.

Indem der Priester die Stola um eure Hände legte, drückte er damit seine Hoffnung aus, dass die Liebe, die von einem zum andern strömt, unsterblich ist und über den Tod hinaus bis in die ewige Liebe fließt.

Der Priester hüllte eure Liebe in die unendliche und unzerstörbare Liebe Gottes ein. Und
er legte seine eigene Hand auf darauf. Das
ist Zeichen dafür, dass Gott seine gute Hand
schützend und segnend über euch hält,
dass ihr gemeinsam in Gottes Hand geborgen
seid und dass das, was ihr gemeinsam in
die Hand nehmt, von Gottes Hand
berührt und gesegnet ist.

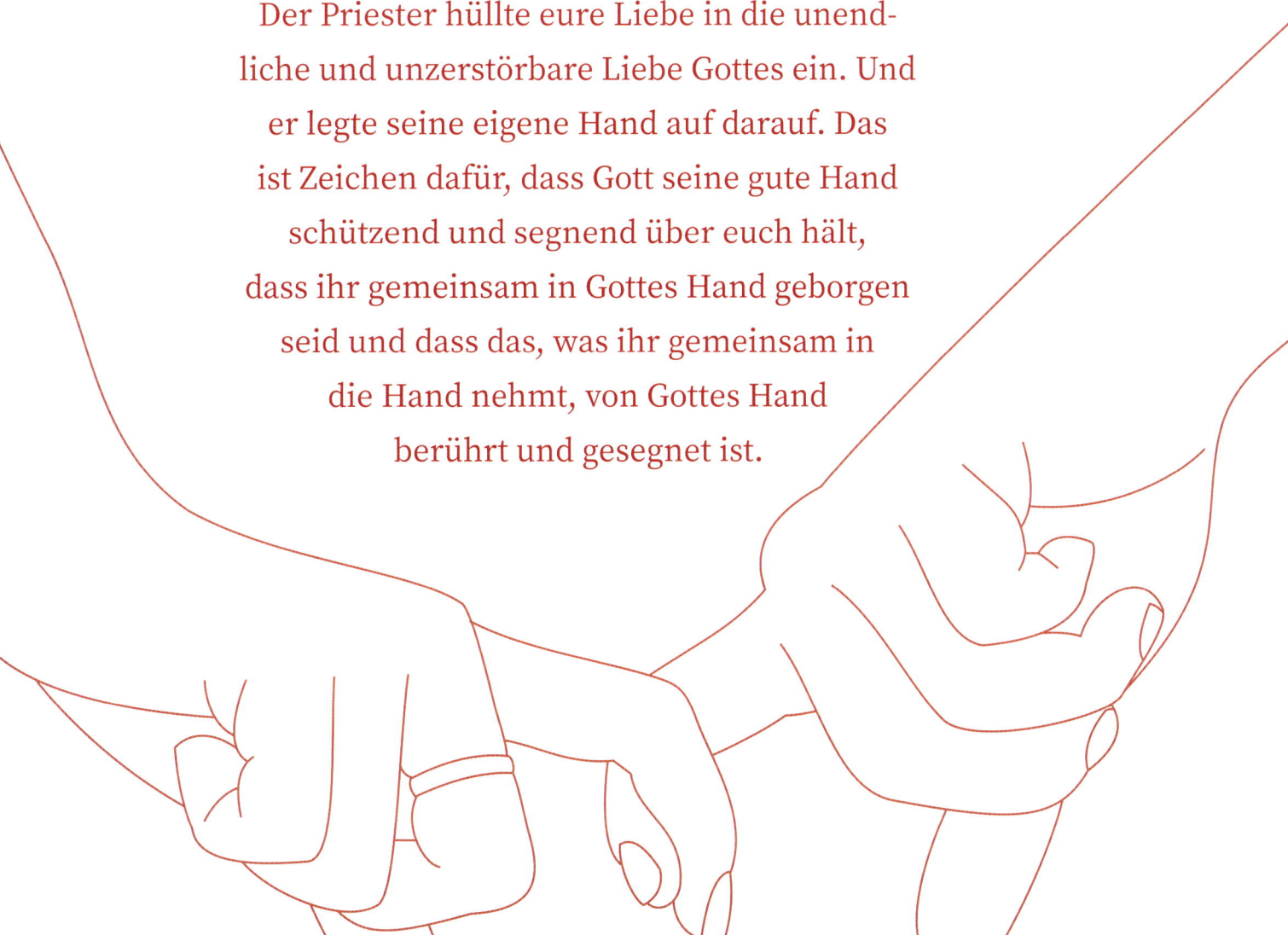

Umleuchtet und erhellt

Vielleicht habt ihr bei eurer Trauung auch eure Hochzeitskerze dabei gehabt. Manche Ehepaare verzieren sie gemeinsam, andere bitten künstlerisch begabte Freunde oder die Trauzeugen, sie mit passenden Symbolen zu gestalten. Nach dem Segen des Brautpaars wird die Kerze zum Altar gebracht und an der Osterkerze entzündet. Sie hat so teil an der Kraft des Osterlichtes, das alle Dunkelheit und alle Kälte des Todes überwunden hat. Wenn ich selbst eine Hochzeit zelebriere, spreche ich über die brennende Kerze einen Segen:

„Barmherziger und guter Gott, segne diese Hochzeitskerze.

Mache sie zum Zeichen, dass das Feuer deiner Liebe immer im Brautpaar brennt.

Ihre Liebe möge ein Licht sein, das diese Welt heller werden lässt.

Sie möge in die Kälte dieser Welt Wärme bringen.

Das Licht dieser Kerze erleuchte ihr Haus, damit es den Gästen zur Heimat werde, in dem sie sich daheim fühlen können, ganz und gar angenommen, umleuchtet vom milden Licht der Liebe.

Sei dem Brautpaar in dieser Kerze immer nahe und zeige ihnen, dass deine Liebe in ihnen alles verbrennt, was ihre Liebe gefährdet, dass sie ihnen Wärme bringt, wenn ihre Liebe zu erkalten droht, und sie erhellt, wenn die Dunkelheit der Angst sie umschleicht.

Sei bei ihnen und lass ihre Liebe hell erstrahlen und den Menschen Hoffnung schenken, die in ihr Haus kommen, um sich an ihrer Liebe zu wärmen.

Mache ihr Haus durch diese Kerze zu einer Heimat für Menschen, die sich einsam fühlen.

Lass ihre Liebe Licht sein für die Menschen, das sie erleuchtet und ihre kalten Herzen wärme.“

Worte wie Licht

Es wird sicher auch schwierige Zeiten geben in eurer Ehe. Das gehört dazu. Aber manchmal ist es schwer, dann wieder miteinander ins Gespräch zu kommen, weil der andere einen verletzt oder einfach nicht gehört hat. Manchmal habt ihr vielleicht gestritten und keiner findet das richtige Wort, das die stumme Spannung aufheben könnte.

Dann kann eure Hochzeitskerze und ein kleines Ritual helfen: Wenn einer von euch innerlich bereit ist, die Spannungen zu beenden, aber noch nicht fähig, den anderen anzusprechen, dann zündet er die Hochzeitskerze an. Das ist für den anderen eine Einladung, seinen Unmut und seine Sprachlosigkeit langsam aufzulösen. Die brennende Kerze setzt ihn nicht unter Druck, er müsste jetzt sprechen. Sie lässt ihm vielmehr Zeit, seine eigenen negativen Gefühle langsam zu verabschieden und sich dem anderen wieder zuzuwenden. Es hat dann keinen Sinn, darüber zu sprechen, was im letzten Gespräch schiefgelaufen ist.

Die Kerze regt vielmehr dazu an, die dunklen Gefühle durch leuchtende Gedanken zu erhellen. Vielleicht könnt ihr dann irgendwann wieder freundliche und helle Worte sagen, die Licht bringen in eure Dunkelheit und die die Sprachlosigkeit in ein neues Gespräch hinein aufheben.

Vielleicht habt ihr ein Foto
eurer Hochzeitskerze?
Dann klebt es hier ein.

Mitfeiern

Sicher haben auch die anderen Gäste an der Feier eurer Hochzeit in der Kirche einen Beitrag geleistet. Häufig sind es die Fürbitten, die extra für diesen Tag und extra für das Brautpaar verfasst werden. Sie bieten eine Möglichkeit, dass sich Freunde und Verwandte aktiv an der Feier beteiligen können. Zum Beispiel, indem sie ein Teelicht an der Brautkerze entzünden und dabei ihre Fürbitte sprechen: „Ich zünde diese Kerze an und wünsche damit dem Brautpaar ..."

Eine Kerze anzuzünden ist ein schönes Symbol des Betens. Solange die Kerze brennt, solange geht das Gebet zum Himmel. Wenn die Bittenden dann ihre Kerze auf den Altar stellen, so brennen sie den ganzen Gottesdienst hindurch und bringen so anschaulich zum Ausdruck, dass die Gemeinde das Brautpaar mit ihrem Gebet umgibt, damit es in ihnen immer heller und wärmer werde.

Vielleicht gab es aber auch noch andere
Beiträge – Texte, Musik, Gebete.
Hier ist Platz, um beispielsweise das
Liedblatt oder andere Texte, die gelesen
wurden, einzukleben.

Gemeinsam
Mahl halten

Die Eucharistiefeier bietet mit ihrem Mahlcharakter viele Zeichen an, die den Trauritus ergänzen und vertiefen können.

Vielleicht habt ihr in eurem Traugottesdienst Brot und Wein an den Altar gebracht oder sogar das Brot, das sich dann alle geteilt haben, selbst gebacken. Es ist ein schönes Zeichen, dass ihr eure eigene Liebe mitbringt, die im Brot und Wein zum Ausdruck kommen. Was ihr angeboten habt, das wurde dann von Gottes Geist verwandelt in den Leib und das Blut Jesu Christi und allen Teilnehmern gereicht. Darum ging es ja auch im Trauungsritus, dass eure Liebe von der göttlichen Liebe durchdrungen und verwandelt wird.

Aus dem Quell der göttlichen Liebe durften alle zum Fest Geladenen trinken, damit auch ihre menschliche Liebe wieder zu strömen beginnt. Ihr habt Brot und Wein mitgebracht als Zeichen eurer Liebe. Jetzt ist diese Liebe verwandelt. Sie reicht für alle. Alle können daraus trinken. Alle werden von Gottes Liebe erfüllt. So entstand eine Gemeinschaft, die tiefer ist, als alle äußerliche Feierlichkeit sie herstellen kann.

Nach dem Dankgebet und dem Segen seid ihr dann endlich als Ehepaar aus der Kirche ausgezogen und habt die ersten Glückwünsche entgegengenommen.

Hier ist Platz, um Fotos vom Auszug aus der
Kirche und/oder von den Gratulierenden
vor der Kirche einzukleben.

Zusammen sein – zusammen Leben feiern

Das gemeinsame Mahl, das mit der Eucharistie im Gottesdienst begonnen hat, setzte sich auch fort in eurer anschließenden Feier. Letztlich ist das ja auch das Wesentliche an diesem Tag: Gemeinsam zu essen und zu trinken und darin eure Liebe zu feiern. Sich nicht nur miteinander und mit Gott, sondern auch mit allen Gästen verbunden zu fühlen.

Hier habt ihr eure Hochzeit
mit allen Gästen gefeiert:

....

Um .... sind die

letzten Gäste gegangen.

Das war eure Gästeliste:

....

....

....

....

....

....

....

....

....

....

....

....

....

Von Herzen!

Ganz sicher habt ihr unzählige Karten und
Glückwünsche zu eurem Fest bekommen.
Vielleicht waren ein paar dabei, die euch
besonders berührt oder besonders gefreut oder
überrascht haben. Dann ist hier Platz, um sie
einzukleben oder aufzuschreiben.

Liebe – ganz alltäglich

Mittlerweile seid ihr vielleicht wieder in eurem Alltag angekommen, eurem Miteinander, das jeden Tag gelebt und gefüllt werden will. Da geht es darum, wie ihr die alltäglichen Dinge erledigt: das Putzen, das Kochen und Tischdecken, das Abräumen und Abspülen und die tausend Dinge, an die ihr ständig denken müsst: an das Einkaufen, an eigene und gemeinsame Termine.

Die Liebe drückt sich auch in der konkreten Weise aus, wie ihr den Alltag lebt. Im Alltag finden wir nicht ständig große Worte für die Liebe. Aber eure Liebe drückt sich in der konkreten Rücksichtnahme auf den anderen aus, in der Zuverlässigkeit, mit der ihr eure Verpflichtungen wahrnehmt, in der Bereitschaft, anzupacken und Verantwortung zu übernehmen.

Trotz aller großen Versprechungen ist es nicht immer einfach, diese Liebe in den Niederungen des Alltags durchzuhalten. Und viele leiden daran, dass ihre Liebe so alltäglich wird, dass das starke Gefühl von Liebe sich immer mehr verflüchtigt. Man kennt den anderen. Wenn aber die Liebe immer auf das Geheimnis der göttlichen Liebe verweist, kommt sie nie an ein Ende. Den Körper des anderen kenne ich irgendwann. Aber wenn er mich auf das Geheimnis der Liebe Gottes verweist, wenn ich im Blick des anderen den göttlichen Liebesblick erahne, dann bleibt die Liebe lebendig. Dann hat sie teil an der göttlichen Unendlichkeit und Ewigkeit. Dann erfahre ich die Liebe des anderen immer als ein unverdientes Geschenk. Und ich erlebe auch die eigene Liebe als Geheimnis. In ihr berühre ich das unendliche Geheimnis Gottes.

Das hält euch in all eurem Alltag immer zusammen:

....

....

....

Das ist das Geheimnis eurer Liebe:

....

....

....

Liebe braucht sichtbare Zeichen

Ein gutes Miteinander braucht Rituale. Rituale sind der Ort, an dem Gefühle gezeigt werden, die sonst nicht zum Ausdruck kommen. Rituale schaffen ein Gefühl der Identität. Die Rituale, die sich ein Paar füreinander schafft, prägen das Miteinander und geben ihm eine besondere Note. Wir leben nicht einfach nur so dahin, wir gestalten unser Miteinander. Wir haben unsere festen Rituale, die uns Halt verleihen.

So ein Ritual, mit dem wir die Liebe zum anderen ausdrücken, ist der Kuss, mit dem wir uns am Morgen begrüßen, mit dem wir uns verabschieden, wenn einer aus dem Haus geht, und mit dem wir uns wieder willkommen heißen. Manche meinen, solche Rituale würden zur Routine werden. Ohne Rituale würde die Liebe aber leicht verblassen. Sie sind eine tägliche Einladung, sich der gegenseitigen Liebe zu vergewissern.

Natürlich wollen die Rituale mit Leben und Liebe erfüllt werden. Überlegt euch, welche Rituale ihr in eurer Partnerschaft habt. Und dann sprecht miteinander, für welche ihr dankbar und mit welchen ihr nicht zufrieden seid. Vielleicht habt ihr Lust, neue Rituale zu entwickeln, die eure Identität ausmachen. Sie geben euch das Gefühl, dass eure Liebe etwas Besonderes ist. Deshalb möchte sie sich in Ritualen ausdrücken, die nur euch gehören.

Das sind eure ganz eigenen Rituale, die euch zusammenhalten:

....

....

....

....

....

....

....

....

Segen für den gemeinsamen Weg

Ich wünsche euch Gottes Segen für euren gemeinsamen Weg.

Gottes Segen möge eure Liebe segnen,

damit sie für euch selbst Segen bringt.

Gottes Segen befähige euch,

füreinander zum Segen zu werden.

Sein Segen schenke euch die Gewissheit,

dass die Quelle der Liebe, aus der ihr lebt,
nie versiegt.

Denn es ist eine göttliche Quelle, die
unerschöpflich ist.

Gott segne euren Weg,

dass dieser Weg euch in immer größere
Lebendigkeit, Freiheit, Frieden und Liebe
hineinführen möge.

Sein Segen begleite euch auf euren Wegen,
damit die Wege gelingen, die ihr geht.

All das, was ihr miteinander erlebt,
geschieht in einem Raum des Segens.

Und Gottes Segen kann alles verwandeln.

Gottes Segen schenkt eurem Miteinander die Atmosphäre
von Geborgenheit, von Lebendigkeit und Fruchtbarkeit.

Gottes Segen möge euch auf dem
gemeinsamen Weg begleiten,

am Anfang eurer Liebe, aber auch
in Zeiten,

da die Gefühle der Liebe nicht
mehr so zu spüren sind.

Gottes Segen ist treu.

Er geht mit euch, und er ermöglicht euch,
immer wieder neu anzufangen mit der Liebe,
die nie vergeht, weil sie aus Gott selbst strömt.

1. Auflage 2022
© Vier-Türme GmbH, Verlag
Münsterschwarzach 2022

Lektorat: Marlene Fritsch
Gestaltung: wunderlichundweigand
Covermotiv: © Anna_Guz/iStock.com
Motive im Innenteil: © shutterstock.com, © iStock.com

Druck und Bindung: Finidr s.r.o., Český Těšín (CZ)

ISBN 978-3-7365-0430-1

www.vier-tuerme.de